행복한 날

| 유혈수 시집 |

|유혈수 시집|

행복한 날

순수

◆ 自序 ───────────────

시집 〈행복한 날〉에
제가 하고 싶은 말들을
온 힘을 다해 담았습니다.
이 72편의 시로 自序를 대신하며
시집의 끝 페이지를 넘기는 분들에게
행복의 씨앗이 되었으면 합니다.

2009년 봄에
유 혈 수

행복한 날

유혈수 시집

해설 / 이명재 · 103
自序 · 11

1부

연못 ● 19
수박 ● 20
하얀 주막 ● 21
담배꽁초 ● 22
이삿짐을 묶으며 ● 23
돌에 대한 명상 ● 24
사랑의 말 ● 25
망각의 형상 ● 26
어떤 슬픔 ● 27
해빙의 봄, 나무에서 보다 ● 28
들풀 향기 ● 29
이쯤에서 · 1 ● 30
이쯤에서 · 2 ● 31
행복한 날 ● 32
금요일 의자 ● 33
굴삭기 오는 날 ● 34
몸 안에 숨은 맛 ● 35
가장 먼 것은 가장 가깝다 ● 36
분재 ● 37
불행과 행복의 관계 ● 38
미라 ● 39
쓰레기 ● 40
불면의 밤 ●41
그림자 ●42

2부

계곡 悲話 ● 45
허공에 기대어 산다 ● 46
흉터 ● 47
버린 의자 ● 48
담배를 피우는 소녀에게 ● 50
나무는 뒷모습이 없네 ● 51
고요의 힘 ● 52
파랑새를 기다리며 ● 53
나무가 쓴 4편의 걸작시 ● 54
바람이 배달한 나뭇잎 ● 56
계단 오르기 ● 58
다시 밥을 짓는다 ● 60
거짓 꽃 ● 62
겨울 중에 ● 63
이웃집 ● 64
위층에 싸움 났네 ● 65
그대 먼 길 가셨는가 ● 66
죽음에 관하여 ● 67
눈물주머니 ● 68
당신과 멋진 연애를 ● 69
살아 있는 어둠 ● 70
황금펜 ● 71
아우 J와 K ● 72
시인의 옷 ● 73

3부

주부 ● 77
애완견 ● 78
아파트의 고양이 ● 79
쓰레기통 ● 80
눈물의 꽃 ● 82
코스모스 ● 83
소사리의 밤 ● 84
흔들리는 아름다움 ● 85
말줄임표 ● 86
기일에 ● 87
철거되는 옛집 ● 88
고무줄 사랑 ● 89
어리석은 흉내 ● 90
노환 앞에서 ● 91
쓸쓸한 사진 촬영 ● 92
주부라는 이름으로 ● 93
여행 · 1 ● 94
여행 · 2 ● 95
여행 · 3 ● 96
독도가 쓴 편지 ● 97
예쁜 말 ● 98
새들의 휴식 ● 100
국화풀빵의 추억 ● 101
이름 ● 102

1부

연못

강물처럼 흐르면 안 된다
두 팔 동그랗게 감고
너를 지키다 잠든 눈

수박

내가 두른 부드러운 곡선을 따라
숲길 같은 무늬를 딛고 조심스레 오십시오
당신의 즐거운 시간을 위해
한여름 태양은 풀잎 위에 들끓고
천둥 속에 내 몸은 어떤 두려움도 없습니다
나는 거친 흙을 파먹으며
이 영혼의 살을 당신에게 바치기 위해
겉과 속의 경계를 냉정히 하여
찬란한 색과 맛을 눈물겹게 이루었습니다

그대 순수한 칼이여
이제 나의 불타는 사랑을 열어봐 주십시오
내 사랑이 그대 하얀 쟁반에 붉게 담길 때
혹 밖으로 흐르는 덜 익은 푸른 눈물이 있다면
그건 닦아내십시오
내가 그대에게 바치는 사랑은 완전한 사랑입니다
제발 두드리지 마시고
내 속에 박힌 까만 의심일랑 모두 뱉어내십시오

하얀 주막

내 수첩은 주막이다
오다가다 만난 구수한 인연들이 달빛처럼 들어와
가로줄 위에 걸터앉았다
나는 주모, 그들은 길손
섭섭하게 떠나간 빈자리에는 응달이 지고
떠나려 하는 불안한 사람은 바람처럼 모습이 야위고 있다
밤늦도록 세상 이야기를 첨잔하다가 만취된 사람은
묵은 포도주처럼 오랫동안 나와 함께 익어갈 것이다
주모는 세상에서 가장 좋은 정취의 술을 권하며
그들이 떠나는 것을 염려하지 않는다
그러나 술처럼 좋은 인연은 상하지 말아야 하기에
주모는 한 사람 한 사람 마음이 떨어지지 않도록
다시 선명하게 줄을 긋고
그들의 신상이 낡아질까 봐
달빛처럼 앉은 자리 따듯하도록
네임펜으로 빠짐없이 덧옷을 입힌다

담배꽁초

누군가 버린 배반이
풀숲 가에서 아직도 살아 있다
폐부 속까지 빨아들이던 아름다운 사색의 날들
검게 게워져 실연의 골짜기로 사라지는데
한 개비 독한 기억이 핏빛 유언으로 남아
사랑의 임종 앞에서
살이 타는 열병을 앓고 있다

그가 버린 사랑은
섭씨 500도의 상처다

이삿짐을 묶으며

모두 가지고 갈 필요는 없다
국화꽃잎 서너 장 책갈피에 끼우고
앞산의 뻐꾸기 입 속에 숨겼던 이야기
한 줄의 시로 맺어 가슴에 쓰고
가겟집 아줌마의 풋풋한 미소도 잊지 말고
갈 때는 낙서처럼 쉽게 길을 떠나자

멀리, 낯선 시선들 어슬렁거리는 그곳에
사방에 국화씨를 뿌리고
뻐꾸기의 깊은 이야기는 다시 산에다 주고
따뜻한 응달 속으로 꽃물처럼 스며들 테야

간혹 옛집 뜰에 은사시 꽃가루가 생각나면
바람처럼 건너와
그 지겹던 은사시 꽃가루와 종일 놀다가
은근히 마음에 꽃물이 흐르면
터덜터덜 돌아가야 하는 너덧 발자국 이별은
언제라도 다시 지울 수 있어
그냥 속없이 웃으며 가야지

돌에 대한 명상

돌은 외로워 물가에 앉았다
간혹 오지랖 넓은 놈들이 풀쩍 뛰어올라
해저의 발바닥을 꺼내 한판 재주를 부린다
돌도 젖고 싶은 것이다
제 속에 백 리쯤 아득히 사라진 발을 찾아
저 순한 물에 온몸을 한번 적셔봤으면
돌은 앞뒤 분간도 없는
속도 겉도 없는
막생긴 몸을 햇빛으로 긁어본다
어쩌면 쓱 내밀 것만 같은 발
돌은 언제쯤 외로움을 걷어내고
물고기에게 뒹구는 재주를 보일 수 있을지
너무 긴 노숙의 어둠

사랑의 말

　너는 감미로운 유혹이며 백 년의 향기며 천 년의 신비로움이다

　침묵 중에도 자라나는 너는
　늘 그리움에 목마른 즐거운 외로움이며
　소유를 꿈꾸는 집착의 불이다
　너는 노예의 근성과 주인의 근성을 가진
　그 거리에서 흑백의 칼날을 잡는 상상의 힘이다
　어쩌다 쓰라린 이별도 무덤처럼 만드는
　알 수 없는 너는
　그러나 한 점 티 없는 영혼으로 빚어야만
　비로소 나타나는

　아름다움, 기쁨, 생명이다

망각의 형상

전화번호는 시든 지 오래다
뿌리 뽑힌 숫자들은 어디에 버려졌는지 행방이 없다
이름은 헛웃음 되어 산산이 떨어지고
얼굴은 낮달처럼 힘없이 거처를 잃고 있다
이제 남은 것은 뇌리에 매달린 물방울 같은
기억 몇 송이
절벽 아래로 뛰어내릴 때가 온 것인가
낙엽 지는 소리 곁에
물방울 대여섯 송이 떨어지고
나는 사라지는 기억의 마지막 파문을 보았다
홀로 치르는 하혈처럼,
물보라치는 밤이었다

어떤 슬픔

처음은 꿈쩍도 않다가
물 따라 바람 따라 겨우겨우 가더니
5년을 그렇게 가더니
그 후론 저 홀로 가더니
10년 지나
슬픔은 제 몸을 다 물어뜯고
(아주 간 듯이)
그렇게 슬며시 가더라

해빙의 봄, 나무에서 보다

맨몸, 층층이 살과 피로 틈 없이 싸매었는데
뿌리 저변에 푸른 삽 하나
어느 시간을 걸어 여기까지 왔는지
몸 안에 퇴적물 낱낱이 분리하여
버릴 마음 수거하여 몸 밖으로 퍼내네
마른몸에 기대어 쪼그린 실뿌리들
꼼틀꼼틀 배냇짓하더니
얼음알갱이 스르르 몸 밖으로 사라지네

적막한 겨울나무 몸속은 봄의 망명지
한 삽만 퍼내어도 뿌리를 찾는 빛의 발견
몸 한 부분에서 꽃이 피어나는
이 침착한 시작

들풀 향기
　　— 이의승 · 차동화 결혼 축시

풀꽃같이 핀 딸은
아주 오래전 엄마의 깃털처럼
모든 은빛 깃털을 환하게 펴고 오늘
산 같은, 푸른 사람에게로 갑니다
가정이란 예쁜 나라 한 채를 건설하기 위해
한 발 한 발 둘에서 하나가 되어 가는 모습에
가던 시간도 잠시 멈추어 축하의 꽃을 건넨다
찬란한 갈채다

알고 있는가
시작은 이렇게 눈부시다는 것을
그러나 긴긴 동반은 그보다 더 빛난다는 것도
들풀 향기가 꽃향기보다 더 향기롭다는 것도
예쁜 가정 한 채를 운명으로부터 선물받은 두 사람은
— 당신을 바라보면, 너무너무 고맙고
— 당신을 생각하면, 늘 미안하고
— 지금 이대로의 현실에, 욕심없이 감사하는
들풀 향기 같은 그런 부부가 되었으면 좋겠다
잠시 멈추어 꽃을 건네준 그 시간에
동그란 원처럼 둘레와 안(內) 같은 그런 사랑 담길 바라며
　축하의 미소를 보낸다

이쯤에서 · 1

이쯤에서
더도 말고 세 사람만
이런 벗 있으면 좋겠다

한 친구는 길가 민들레 같은 친구
한 친구는 손바닥에 주름살 같은 친구
한 친구는 술잔 같은 친구

한 사람은 돼지고기 삼겹살을 좋아하고
한 사람은 스파게티를 좋아하고
한 사람은 청국장을 좋아하는

이들이 마주 앉아 술을 마시면 함께 들풀 냄새가 나는

어떤 실언에도 못 박지 않고
무지에 조용한 촛불을 켜주며
가난을 빛이라 말하는 그런 벗

막차처럼 떠났는가 하였는데
물안개처럼 피어나는
나는 너에게, 너는 나에게
그런 벗이 되었으면 좋겠다

이쯤에서 · 2
―오십 넘어서

이쯤에서
세상 가장 뒤편에 서서
나는 나의 모습을 바라보겠다
얼마나 아름다운 그림자를 지녔는지
그 그림자 따라가 한번 만져보겠다
접힌 곳 우둘두둘한 곳은 없는지
여백은 아직도 소유를 꿈꾸는지
함께 기대어 남은 세월
둘이서 속삭여보겠다

이쯤에서는
어리석음도 경박함도 촌스러움도
모두가 다 아름다운 시절
나는 나의 내력을 보는데
0.2의 시력으로
돋보기는 사용하지 않겠다

행복한 날

세상에는 아름다운 것들이 너무 많아
새들이 깃털을 펴서 허공의 알몸을 덮어줄 때
풀꽃 하나가 시멘트를 물리치고 노숙자에게 웃음을 꺼내줄 때
겨울나무에게 눈송이들이 힘을 모아 옷 한 벌 해 입혀줄 때
나비가 장미를 지나 개망초를 향해 날개를 흔들 때
.
.
.

네모상자 우리 집도 달빛이 닿아 좋다
구겨진 창문도 없고 구겨진 사람도 없다
이만하면 오늘 하루도 두둑한 식량이 되겠다
허공 한줌으로 가난을 끓여 먹어도 행복한 날

금요일 의자

금요일 늦은 시간
구멍가게 허름한 비치파라솔 아래
한 주의 노고를 건배하고 있는 세 사람
웃는 입이 황소 입 같다
화려한 불빛도 깍듯한 주법도 없는
수더분한 바깥으로 호명받은 술병도 술잔도
밤하늘을 쳐다보며 싱글벙글한다
시원한 바람이 안주이며 흙냄새가 안주인
멋진 술상이다
술상 위에 함께 취해 있는 술병 · 술잔 · 바람
서로 포옹하며 웃고 있다

참 많이도 허물었네
무엇 하나도 탈나지 않은
금요일 밤 의자
그들은 더욱 따듯한 온돌방으로 돌아가고
빈 의자 위에는 달빛이 홀로 앉아
어머님처럼
주벽이 엎지른 별별 이야기
그 얼룩을 지우고 계신다

굴삭기 오는 날

이삿짐을 부리고 첫봄
집 앞 6000평 잡다한 땅에 봄비 한줌 내리더니
내 귓속으로 개구리들이 빗방울처럼 뛰어들었다
마른 내 귀 안에는 어느새 물소리 흐르고
상냥한 개구리소리 둥둥 떠내려간다
매일 밤— 고막을 헤치고—
오십 년 전쯤으로 거슬러가는 귀향의 시간
내 귓속은 밤마다 달빛 부는 오지마을이다

어느 날 고요한 오지마을에
〈공원조성〉이란 알림판을 번뜩이며
내 시야를 뒤흔드는 포클레인 두 대
쇳덩어리 발톱 새로 어린 풀들의 비명이 내달리고
문밖에 쓰러지는 몰락의 소리들
이미 나에게는 익숙해진 게임이다
이제 머지않아 시월이 오면
나는 어느 책 속의 삼류 이야기처럼
자연과 애정게임을 무덤덤하게 끝내고
오지마을을 현실의 갈피에 묻어야 한다
2년 중에 개구리 너와 나의 즐거웠던 인연을

몸 안에 숨은 맛

산에 올라 나무에 기대었다
나는 나무에 붙은 벌레처럼 몸을 밀어 나무에 스몄다
소나무 氣를 수혈받느라 온몸이 혀를 내미는데
꿈틀거리며 산에 있는 것들이 나를 먹으러 기어온다
벌 한 마리도 닿을 듯 말 듯 수혈 부위를 엿보며
먹잇감을 애틋하게 노린다
큰맘 먹고 산속에 밥 한 그릇 이 몸 아낌없이 내려놓을까
내가 물에 젖은 생선을 뭍에서 맛나게 먹듯이
너도 세속에 젖은 나를 가장 편한 나무 아래서 먹어 보라
오늘 이 무성한 나무숲과 산꽃이 너무 감미로워
구경이란 품으로는 값을 길 없으니
실컷 나를 음미해도 할 말이 없겠다
수천 가지 맛을 행한 나는 세상에서 가장 비만한 벌레
어떤 맛이 내 몸 안에 숨어 있을까
작은 산벌레에게 이 별미의 맛을
차마 물을 수 없네

가장 먼 것은 가장 가깝다

평생 위로만 궁금해 하는 가지와
아래를 궁금해 하는 잎은
한 몸에 기거하여 한 젖을 먹으며
각기 다른 생각을 다스리고 있다
가지는 하늘을 뒤적여 생존의 영광을 찾고
잎은 땅을 뒤적여 낙명의 위기를 준비한다
생이여
모든 것은 이와 같이 절대적인 것인가
내 몸에 등은 춥고 가슴은 따뜻하다
그러나 안과 밖, 만남과 이별, 낮과 밤, 生과 死
모두가 이어져 있는 거라면
나에게 너의 부재란 있을 수 없겠지

분재

마음대로 그리워 말라
생가지 잘라내어
그는 사랑을 분재한다
산만한 향기와 산만한 몸짓
난간의 위태로움을 안으로 거둬들여
완벽한 통제에 아침마다 물을 주며
그는 어리석은 사랑 하나를
손바닥만한 크기로 오려
마른눈 안에 섬처럼 앉히고
하루에도 수십 번 자유를 다그쳐
그리움을 분재한다

불행과 행복의 관계

조심 문을 밀고
불행이 내게 말을 한다
"나 이제 그만 불행해지고 싶어요"
나는 야윈 그 어깨를 바라보며
눈을 감는다
한참을 지나
불행이 또 내게 말을 한다
"나 이젠 좀 행복해지면 안 되나요"
할 수 없이
나는 불행을 데리고 행복에게 간다
행복은 대뜸 악수를 청하고
재빨리 불행을 마취시키고 응고된 시간을 자르고
항생제와 진통제를 투여한다
까맣게 잊었던 고통이 살을 뚫고 솟아오른다
고통이 빠져나간 자리는
여전히 고통의 빈집일 뿐
행복은 불행을 바라보며 자라나고
불행을 안아주므로 불행은 고맙게 떠나는 것인데
함부로 아픔을 치우는 일은 잘못이었어

미라

어느 고대 이야기가 상징된 시간의 몸
쓸데없는 구색은 버리고 요점만 남긴 어느 죽음을
늙은 세월이 칭칭 감고 있다
생전에 이룬 수고와
중도에 멈추었거나 아예 이르지도 못한
그런 아련한 행적들이 암호처럼 그의 몸을 싸매고 있다
나는 극비의 침묵덩어리를 바라보며 생각한다
한 꺼풀 아래, 또 한 꺼풀 아래에는
나의 몇 대조가 내게 남겼을 대추알같이 잘 마른
쪼글쪼글한 유언 한 알
(애야 이승과 저승이 통하였으니 정신 똑바로 차리고 살거라) 그리고
전생에서 이승으로 올 때 혹시 빠트리고 왔을
초콜릿같이 요긴한 생의 간식 한 점
그리움이 잠든 수천 개의 눈동자
들어 있을 것 같다

가까스로 암호를 판독하고 돌아서는 나는
지금부터 잘 지워지는 물감으로 나를 붓칠하기로 한다
언젠가 흔적 없이
세월 따라 사라지고 싶어서

쓰레기

필요를 다한 질책으로 쫓겨나
파괴의 슬픔인 양 쓰러진 몸뚱이인가
아니다
울분 대신에
바친 쓸모를 기뻐하는
저 부재의 흩날림을 보라
비운만큼 돌출된 추함은
욕망을 다 파낸
빛나는 희생이 아닌가
단지 저 홀로 마감 짓지 못하여
여기저기 구차해진 몰골
이제나 저제나 선한 사람 만나
바른길 손잡아 주길 기다릴 뿐이다

불면의 밤

잡념이 독처럼 번지는 밤은
그리움도 무섭다
뇌리 속을 기어다니는
수만 마리 상념의 벌레들
삶의 내용을 밟을 때마다
켜지는 불빛 하나씩
그리우면 그리운 대로
사라지면 사라지는 대로
고요가 소리내는 밤은 대낮보다 밝아
온밤을 뒤척여도 약 한 알이 없는
이 지독한 수면의 편두통

그림자

너는 언제쯤 벌떡 일어나 이 악연의 몸을 떼어갈지
해가 쓰러지는 바닷가에 서서 일몰처럼 너를 밀었건만
발을 뗄 때마다 함께 걸어오는 이 死物은 누구의 몸인가
방 안까지 따라와 같이 불을 끄고 누워
어둠에 또 어둠을 덮으며
그렇게 몇 겹을 눅눅하게 덮고
편안히 잠든 너를 만지며 나는
내게 붙어 있는 한 몸 더 있음을 알았다

너는 동이 트면 검은 망토를 입고 내 발끝을 베고 누워
하루 종일 내 피를 수혈받아 해의 입 속에 넣으며
나의 일거수일투족을 땅에 기록하고 있다
내 실체를 어김없이 받아적는 검정 글씨

언젠가 내가 어진 자연에게 도달하면
밤강물 같은 이 이력서 한 장을
땅에 바칠 것이다

2부

계곡 悲話

산의 몸에서
피가 흐른다

산이 제 가슴을 깎아
한 여인을 보내나보다
다시는 돌아오지 말라고
천 리 내리막길을 만들어
정말 멀리도 보내나보다

산의 가슴을 밟고 가는 여인에서
울음 떨어지는 소리
온 산이 울린다

허공에 기대어 산다

절망과 어둠은
허공에 기대어 산다
만져지지 않아도 느껴지면 그게 생명이다
바람과 내 마음도 허공에 기대 산다
빈 데가 있어 나는 자꾸만 꿈을 꾸는 것이다
가끔은 공간을 바라보고 바보같이 서 있으면
등 뒤에 바짝 와 있는 여백의 품
원래 내 집은 허공이며
나는 허공에서 생겼다

빵으로 초라해지는 남루나
사랑으로 허물어진 험한 상처나
백수를 내리고 이슬처럼 지는 마지막 긍정은
다 찬란한 것이다
몸도 허공을 만나야 숨을 쉰다
아무리 하여도 잡히지 않는 것들을 억지로 낚아채지 마라
그대로 두면 언젠가는 빛이 되고 소리가 될 것을

만개하여 지는 낙화는 아름다워도
포만하여 떨어지는 추락은 누추한 것이다

흉터

상처는 피를
무엇으로 닦았을까
증오와 용서 중에
어느 것을 택하여
영혼이 머물다 간 자리
저리도 떳떳하게 아름다운가

설령 증오라 하여도
나는 그것을 사랑이라 믿기 때문에
저 흉한 고통의 指紋을
아름다움에 들인다
아픔이 지나간 자리만큼
절실한, 감동은 없으므로

버린 의자

버린 의자를 들고 집으로 왔다
헌 의자는 한켠에 웅크리고 앉아 고개를 아래로 처박고 사뭇 시무룩하다
몇 군데 옛 주인이 엎지른 흔적들이 마른문양처럼 주저앉아 있다
쓱쓱 문질러도 산 것처럼 힘을 주고 있는 빳빳한 땟자국 위에
나는 꽃잎 한 장 얹듯이 가볍게 몸을 얹는다
하, 무슨 일인지 자꾸만 엉덩이가 따끔따끔하다
일어나보니 옛 자취들이 내민 혓바닥들이
수많은 언어를 뱉고 있다
미안하여 얼른 들고나가 물로 씻으니
빼곡한 언어들이 비늘처럼 번쩍이며 떠내려간다
누가 써놓은 때묻은 일기인지 참 곱다

한 사흘 흔적들이 떠난 자리를 말리고
다시 의자에 앉아 팔걸이에 두 팔을 올린다
뭔가 또 부딪친다
내려다보니 옛 주인을 찾고 있는 까치발이다
씻어도 씻어도 남는 그들의 관계다
좀체 지워지지 않는 깊은 문양을 보며

의자를 들고 밖으로 나간다
내 마음에 잠시 앉았던 그도
이미 버린 그 의자에 무슨 일기를 써놓았을까

담배를 피우는 소녀에게

꽃대처럼 고운 목선을 가진 소녀
시들어가는 햇살을 밟고 앉아
고뇌를 알면 얼마나 알겠다고
그 고운 목선을 이끌고
담배연기를 죽자 사자 끄집어내고 있나
생각하면
해가 서녘 산을 디딜 때 나는
그 발바닥에서 터져나오는 극복의 꽃물을
얼마나 즐거워하며 두 눈에 문질렀던가
내 눈에 꽃물
소녀야 곱다 마라
그 꽃물 내 눈 속에서 허덕일 때
내 눈은 얼마나 아팠는지 아니
세상을 함부로 본 죄

소녀야 세상을 바라보는 눈
다 떠야겠지만 다 뜨면 눈 아픈 거란다
이별의 속병 때문이라면
가슴에 꽃무덤 하나 만들면 될 것이고
기댈 데 없는 외로움 때문이라면
세상에서 가장 미더운 나무에게 기대면 될 것이니
이제 그만 일어나 햇빛을 놓아주라

나무는 뒷모습이 없네
― 나무 · 1

나무는 뒷모습을 어디다 두었을까
산것들은 저마다 등을 보이며
깃발처럼 마음 가는 길을 휘날리는데
나무는 자신의 가장 깊은 중심선에 등을 밀어넣고
일생 뒷모습 없네
내 등도 무엇 하나 가진 게 없고
나무의 수관도 무엇 하나 지닌 게 없어
닮은 것끼리 등인가 싶어
살얼음 돋은 슬픈 등을 갖다 대었더니
나무둥치에서 입김이 나고 젖이 흐르네

어디에 기대어도 나무는 앞이다
가다가 문득 뒤돌아봐도 앞이다
십 년을 떠났다 벌목꾼이 되어 돌아와도
나무는 내내 흙발로 선 채 그대로 앞이다
이 얼마나 따뜻한 무채색 포용인가
그런데 내 몸은 무얼 끝없이 원하여
오늘도 팔랑개비처럼 사방을 돌고 있나

고요의 힘
— 나무 · 2

한 뼘도 안 되는 땅을 붙들고
네가 어둠을 뚫고 솟을 때
그 자리에는 한 알의 흙도 무너지지 않았다

고요의 힘으로
이 지상에 끌어올린 거대한 초록 물결
너는 감격이기 전에 늘 나의 위로였으므로
나는 너의 그늘에 한 채 쉼의 집을 지었다

나무여 이제 가을은 골목처럼 비좁아지고
내 이마에 지는 이 낙엽을 보아라
어쩌자고 나는 너의 두터운 아픔을 살피지 못하고
내 이마에 우거지는 네 청춘에만 즐거웠는지
한 생애 침묵과 더불다
형형한 겨울 어둠 속으로 사라지는
너의 등에서
어머니 냄새를 맡는다

파랑새를 기다리며
— 나무 · 3

가을은 나무의 푸른 몸속에 파고들어
황금빛 에너지를 모두 꺼내 온 땅에 털어놓고
외도의 불을 지피지만
나무는 일생
하늘과 땅을 받드는 일밖엔 못해요
나무는 애초부터 두 발을 어둠에 주었고
그래서 떠나는 행위를 지워버린 것이지요
오만 곤충들이 밤낮으로 추근대고
바람은 걸핏하면 가지를 끌고 은둔의 골짜기로 떠밀지만
나무는 도무지 한눈팔지 않아요
어떤 미인이 다가와 은밀히 기대어
아무리 관능적 몸을 취해봐요
맘뿌리 하나 까딱을 하나

나무는 죽는 날까지 제게서 떠나간
한 마리 파랑새가 다시 돌아올 것을 생각하며
하늘과 땅이 이정표가 되는 곳에서
평생을 기다리고 있어요

나무가 쓴 4편의 걸작시
— 나무 · 4

우주의 어머니, 땅
그 황토색 치맛자락을 걷고
여린 두 잎을 세상에 내밀었을 때
어찌나 세속의 볕이 찌렁찌렁하던지
하마터면 연초록 떡잎이 까맣게 탈 뻔했어
그래도 해를 바라본 것은 천만다행이야
어느 한때는
남들처럼 즐거운 입은 왜 없을까
눈 귀 손 발은 왜 또 없는 건가
그런데 이상했어
먹이를 들이지 않아도 키는 세상 중에 가장 하늘에 가깝고
된비탈에 구부정 서 있어도 몸은 또 하늘을 향해 바루어지고
새소리 바람 소리에도 우듬지는 수액을 끌어올렸지
그리고 계절마다
몸에 즐거움과 고통의 시를 썼어
뿌리가 암흑을 가꾸어 써낸 거야
사람들은 몰려와 걸작시라 감탄하면서
그 중 가장 절묘한 음률을 꺾어가
쾨쾨한 환경에 앉히고 나를 즐거움의 먹이로 키웠지

나는 그들이 사는 내부를 구경하면서
내게 주민등록증, 열쇠, 영수증, 지갑이 없는 것을
너무나 행운이라 생각하며
그들의 화분에 내 작은 발을 내주기로 하였어

바람이 배달한 나뭇잎
― 나무 · 5

가로수 우체국에서 가을이 배달되었다
발신자는 은행나무
편지지 위에 시월이 저지른 한 잎 만추의 치사량이
노랗게 엎질러져 있다
만져보니 나뭇잎은 아직도 따끈하고 부드럽다
나는 가을이 다 식기 전에 잎 속에 갇힌
푸른 입자를 꺼내 답을 쓴다

― 은행나무에게
 뿌리째 노랗게 아픈 나무야
 모든 잎들이 하나같이 너를 떠났으니
 너는 소리 없이 우는 바람 같겠다
 그러나 때가 되면 모든 누림을 계절에 반납하고
 순종의 자세로 섰는 네 독백은
 세상일 중에 가장 조용한 아름다움이라네
 그래서 나도 떠나간 것들에 대하여 너처럼
 잘 가라 노랗게 엎질러질까 해
 나에게 매달렸던 나뭇잎 같은 것들이여
 그럼 안녕히.

수신자
해마다 한 잎 나뭇잎을 가져온 사람
노란 은행잎이 있던 자리에 나를 밀어넣고
봉투를 닫는다

계단 오르기

어느 우연한 날 우리는
수백 개 계단 아래에서 가위바위보를 하였다

한 계단 먼저 가위를 내민 너는
나를 끌어올려
손바닥 위에 돋아난 외로움을 자르고
나의 이름을 불렀지

나는 풀씨처럼 네 안에 깃들면서
밖으로 향한 다섯 손가락을 모두 접고
그 안에 작은 뿌리를 내렸더니
내 주먹 속은 참 푸르고 울창했어

매일마다 나를 감싸주는 따뜻한 주먹 속에
참으로 멋들어진 우리의 접목
이젠 접었던 손가락 펴도 좋겠다

가위 바위 보
아직도 저만큼 남은 계단에서
우리는 함께 보
너무도 가까워진 두 영혼의 부딪침

더 이상 오를 일도 내려갈 일도 없는
여기는 사랑의 무풍지대

다시 밥을 짓는다

　병상의 몸을 털고 집으로 돌아온 그녀는
　방 한구석에 얼룩처럼 웅크리고 앉았다
　정신은 산산이 흩어지고 도로 모아지고 다시 흩어
지고
　빼곡히 덤벼드는 악념 너머로
　꽃그림 예쁜 찻잔과 조심스레 들어와 맺히는 딸아이
의 미소
　사방 저질러놓은 흔적들이 달려와 그녀의 오감을 건
드린다
　그래 악념이 세 끼 밥이 되기 전에
　눈물은 빨리 거둘수록 좋아
　그녀는 파랗게 흩어진 흔적들을 주워 그릇에 담는다
　한줌 가득 잡곡을 넣고 사는 게 뜨거운 이유를 생각
하며
　쌀을 씻는다
　쌀알이 잡곡과 뒤섞이며 물 속에서 좋아 난리다
　서로 화합하느라 부딪치는 소리가 시끄럽지만 육감
적이다
　그녀는 열 손가락을 다 넣어 더욱 쌀을 씻는다
　한 그릇 밥이 되기 위하여 손가락 사이로
　쌀의 분이 뽀얗게 일어난다

그녀는 신명나게 밥을 안치고
설지도 질지도 않은 새 밥 한 그릇
마른목구멍으로 술술 떠 넣는다

거짓 꽃

너의 거짓은
속옷보다 아슬하고
불륜보다 위태롭다

검은 입술이
수백 개 혀를 품고
밀실을 드나들며
늙고 병든 언어들을 교미시켜
낳은 것은 악의 그림자
모두 사생아였다

너는 악의 미소로 영원을 꿈꾸는가
거짓을 꽃잎처럼 이름 바꾸어
불꽃과 바다와 별빛을 꺾어 와
너는 오늘도 나의 빈 화병에
삼원색 꽃꽂이를 하였다

겨울 중에

십 년 백 년이면 몰라도
수만 수억 년이나
해마다 그렇게 헐벗은 것이
봄을 위한 만삭의 수고인 줄도 모르고
삭막한 零下의 아픔 위를
나는 아무렇게나 짓밟았네
그렇게 눈송이가 쌓여 따듯하던 것도
내가 낸 상처를 서럽게 싸안은 것이었는데
올해도 모르고 또 밟았구나
봄을 밴 만삭의 겨울 몸을
그 하얀 절개를

이웃집

앞집 현관문은 주야로 안개에 싸여 있다
어쩌다 안개가 흔들리고 인기척이 문손잡이를 밀면
철문은 얼비친 그림자를 쿵 털어내고
이내 안개에 싸여버린다
두 팔 거리의 두 철문 사이에는 미완성 이목구비가
떠다닌다
눈은 세모 입은 네모로 생겼을까
흐린 구리색 판 위에 몽타주처럼 이목구비를 그려
가장 가까우면서 가장 먼 사람 몇 명
훔쳐
슬픈 퍼즐놀이를 한다
2년 내내 하고 있다
어쩜 나도 안개에 싸여
그들도 안타까운 퍼즐놀이를 하고 있을까

기상특보 (2년 지나 하이츠아파트 1층에 안개 소멸
되다)
날씨 (눈부시게 쾌청함)

기상이변 그날을 기다린다

위층에 싸움 났네

한적한 소도시로 이사를 오고
밤마다 초승달 같은 적요를 베고 잠이 드는데
갑자기 우당탕 탕
천장을 베는 칼바람소리
와르르 한밤이 무너져내린다

그래 인생이란 저 바다처럼
온갖 꿈들이 자유롭게 흘러들어
감당도 못할 욕심을 무턱대고 부려놓다보면
파도도 일고 폭풍도 치는 법이지
그렇다면 살아가는 저 소리는
파도처럼 아름다운 것이야

우당탕
밤새 소란은 어찌 되었는지
멀쩡하게 웃고 있는 말끔한 천장
천장과 나와 밤
우리는 어제 밤에 생긴 일을
!, 알지 못한다

그대 먼 길 가셨는가

1초도 안 되는 찰나를 가지고
그는 한세상을 정리하였네
수백의 만남과 추던 춤들
그로 인해 들썩이던 수많은 웃음과 눈물들
가을 나뭇잎처럼 힘을 쑥 빼고
그는 어제 밤 어둠으로 몸을 씻었네

미농지 같은 한 장의 생
뭐가 그리도 다급한 업보였는지
허겁지겁 체하도록 받아먹은 암덩어리
만지다 분노하다 울다가
그리움이란 선물 하나 캄캄하게 내려놓고 그는
어제 밤 순종으로 지은 화사한 어둠을 입고
갔
네

죽음에 관하여

이승을 떠난다는 것은
빗방울 하나 땅 속으로 스미듯
몸뚱이 하나 단정히
감추는 일이다
사람들은 그가 벗어둔
말과 몸짓을 가지고
그의 그림자 속을 거닐며
산그늘 같은 그리움 하나
품고 사는 것이다

눈물주머니

눈 밑이 볼록한 살갗 안엔
감당할 수 없는 눈물의 무게가
꼬옥 갇혀버렸네
아무리 크게 눈을 떠 보아도
속울음 하나
너무 무겁고 단단하여
도대체 꺼낼 수 없네

눈물은 그날
쓰러진 슬픔 하나 홀로 두고
차마 나오지 못하여
눈언저리에서 빨갛게 울음에 쌓이다
그대로 속에서
무덤같이 볼록한 눈물주머니 되었네

당신과 멋진 연애를

 오십 끝의 나이를 거닐고 있습니다 꼼꼼한 시간은 에누리없이 젊은 이마에 주름을 긋고 내 얼굴엔 연륜이란 근사한 세월이 물들었습니다 이제 두 마리의 파랑새는 둥지를 떠날 준비가 되어 있고 나는 즐거운 노고를 한시름 마쳤습니다 손때 묻은 살림도구는 이따금 한가롭기를 원하고 나는 삼십 년간 밀어두었던 구두를 닦고 장에서 가장 신선한 옷을 꺼내 입습니다 거울에 비치는 내 연륜의 선율에서 언뜻언뜻 정열이 보입니다 아, 나는 아직도 사랑이 가능한 것입니다 나의 사람아 창밖은 수 겹의 가을이 늙어 있고 또 새로운 가을은 청색으로 시작됩니다 지금도 벤치 위의 서너 장 사색은 여전하고 오랫동안 낯설던 내 젊은 날은 스스로 물결처럼 반짝입니다 반짝인다는 것은 생명이 내뿜는 숨결입니다 하여 우리는 중년의 내리막길을 손잡고 아름다운 삶의 물살을 따라 사랑의 여행을 떠나요 지난날을 노래하며 이제는 간편한 차림으로 희끗희끗한 머리칼 흩날리며 멋진 사랑의 여행을 떠나요 늙도록, 나의 애인아

살아 있는 어둠

진열장 속에 들어차 있는 것은
향수도 술도 초도 아니다
저들은 수년을 넘게 내 눈요기에 붙들린
살아 있는, 어둠이다
지금이라도 마개만 따주면
어느 노동자의 고단한 어깨에 내려
몇 시간쯤은 살맛나는 향기를 바칠 것이며
가슴에 돌집을 짓고 있는 외진 사람에게도
속사정이 훤히 들여다보이는
유리 술잔을 들고 찾아갈 텐데

내 욕념에 꽂혀 잠이 든 초들아
이제 너에게 불꽃을 얹어주마
너는 광야처럼 달아나라
다만 가장 힘들고 가장 가난한 사람 앞에 멈추어
어둠에 불을 켜는
살아 있는 불이 되어라

황금펜

그는 펜 끝에 젖은 그림자를 찍어 가슴에 문지른다
가슴은 체처럼 흔들리며 가갸거겨를 거른다
종잇장 위에 떨어지는 말씀의 알몸들
물 위에 연꽃처럼 외롭고 화창하다
수면 아래 그림자였던 연의 몸도
무거운 수심을 헤치면서 한 송이 꽃이 되듯이
펜 끝에 흘러나오는 먹물도
어쩜 황금빛 몸을 지녔을 것이다

그가 부리는 펜 끝은
주인이 주는 대로 받아먹는다
그래서 바람 부는 날을 바람이라 쓰지 않는다
바람이 가져간 낙엽의 숫자를 모르기 때문에
그는 슬픔이라고도 쓰지 않는다
그 눈물의 행방을 안다고는 더더욱 쓰지 않는다
그저 그 길목에 술잔 같은 시인은
밤이면 별을 안고 낮이면 그 별을 생각하며
거기에 빈 잔처럼 있을 뿐이다
다만 황금펜 하나 빈 잔에 젖고 있을 뿐이다

아우 J와 K

가슴에 가둔 12월의 울음을
어찌 알았는지
아우는 내 찻잔에 3월을 부어주면서
물 흐르듯 맘이 가는 대로 흐르라 한다

아우는 흐린 이정표를 바라보고 있는 나에게
맘을 찾는 일이란
고향의 흙냄새와 같은 거라며
맨발로 걸어도 편한 그 길을 가라 한다

아우야 세상에서 가장 낮은 촛불을 켰을 때
가난이 제일 아름답겠지
그러나 얼마만큼 버려야 할지 난 정말 모르겠네
간혹 사는 게 어지러운 밤
창밖은 모두가 바람 같은데
여기 삶의 소리가 시끌시끌한 민속주점에서
기대어 앉은 두 아우는
가난처럼 편안하구나

시인의 옷

얼마나 많은 옷들을 껴입었던가
뭔지도 모를 그리움이 겨울비처럼 차가울 때
입지 않고는 배길 수 없는 옷들
한 벌 한 벌 껴입다보니
철옷처럼 무거워진 독백의 무게

느지막이 가슴에 시를 쓰고
아름다운 열두 폭 경험을
한 올 한 올 풀어내는데
아무래도 켕기는 이 엷은 막
내게는 아직도 골마지 같은 속옷 한 벌
남아 있다
이대로 두다간 시인의 양심이 우려될
이 찜찜한 옷
시인은 이 옷을 벗기 위해
하루도 거르지 않고
어둠에 들어앉아 때를 민다

3부

주부

그는 한 가정에 흰색을 사용하여
평온을 다듬어내는 예술가다
아무런 연장도 지닌 게 없지만
마음을 쓸 때마다 뚝딱뚝딱
사각지대 어둠이 떨어져내리고
종일 그 어둠을 갈고 닦고 매만져
마침내 새벽 머리맡에 청잣빛 누리가 되었다면
그는 분명히 예술가다

야채 한 잎도 어슷썰고 채썰고 총총썰고 다지며
길고 짧게 눕혀보고 세워보고
요모조모 우로 좌로 당기고 밀면서
뚝배기를 쓸까 법랑냄비를 쓸까
날마다 새로운 향·맛·색을 조각하여
저녁 식탁 위에 구수한 창작물을 차린 것이
어찌 절대 평범이겠는가
바라보면 음악 같은 사람들
미간에 쌓인 피곤은 눈빛으로 쓸어주고
핏속으로 가라앉은 우울은 가슴으로 닦아주는
가족을 향한 터치는
모두가 다 예술품이다

애완견

걸어오는 애완견의 다리 사이가 어두운 협곡 같다
한 남자는 날마다 그 협곡으로 애완견을 데리고 다닌다
핑크빛 염색 머리에 플라스틱 쌍핀을 꽂고
몸에는 드럼통 같은 옷을 두르고
짐짝만한 신을 신은
장난감을
그 남자는 장난감을 완전히 봉쇄해 버렸다
장난감에 달린 쇠줄이
꼭 총대 같다
언젠가는 방아쇠를 당길 것만 같다

아파트의 고양이

언제부턴가 아파트 현관에는
고양이 두세 마리가 나뭇잎처럼 붙어다닌다
나비야 부르면 가느란 목청을 여미고 반갑게 다가와
가을 같은 표정으로 쳐다본다
내 눈에는 낙엽 한 장 떨어진 듯 바람이 분다

너를 데리고 가서
4인용 식탁 옆에 동그랗게 앉히고
네 발톱에 숨은 허기와 눈망울에 낀 살기를 닦아낸 후
아침마다 레몬향이 나는 비누로 얼굴을 씻기고
세 끼 비릿한 인스턴트 음식을 네 목젖에 떠 넣으면
너는 두 눈을 깜빡거리며 공으로 그 밥을 다 먹어치우겠지
그리고 소독 냄새가 나는 촉촉한 입술을 핥으며
구름솜 침대로 가서 기능성 베개를 베고 잠들다
다음날 인간이 저지른 전파에 부딪쳐 잠이 깨겠지
너는 꽃핀을 꽂은 앞집 애완견처럼
먹이를 구하는 야성의 본능을 족보에서 서서히 지우며
사람의 새끼인 양
한 달에 한번씩 따뜻한 발톱을 잘라내겠지
나비야, 그래도 우리 집으로 가겠니

쓰레기통

지난날 즐겁던 행보
꿈같이 아득한 역할 너끈히 마치고
다달은 마지막 거처. 춥다
수시로 눈먼 바람이 더러운 통을 비단처럼 쓰다듬고 갈 때
따뜻한 온기
쓰라림에 떨던 몸. 잠시 기쁘다
도무지 역겹고 음산한 것들이 캄캄하게 들어앉은 곳
그래도 한때는 사람들 품에 애장품이었는데
금붙이도 여기에 던져지면 곧바로 더러움이 되니
버림은. 무섭다

저기 고양이 한 마리가
덥석 먹이를 꺼내 줄행랑치며 달아나고 있다
가만 들여다보니 그 안에
생명 몇 개가 동그랗게 눈을 뜨고 있다
고양이가 가져간 것은
언젠가 내가 예사롭게 버렸던 낡고 꾀죄죄한 것들
때로는 귀찮고 너덜거려 비늘처럼 떼내던 생활의 각질들
그것들이 저 컴컴한 무덤 속에서 아직도

살아 있는 모양이다
내 손가락에서 놓쳐버린 쓸만한 것들이
눈을 뜨고 있는 저곳
언젠가는 나도 가야할 곳

눈물의 꽃

누가 나에게 뿌리 빈 꽃을 선물하지 마라
사납게 버려지는 고민 때문에
내 눈은 곧바로 어둠이 된다는 것을
꽃을 품어본 화병은 알고 있다

차라리 나는
흙에서 고요히 시들고 있는
한 송이 일생을
그대로 흙에서 보겠다

누가 나에게 눈물의 꽃을
이제는 내 평온에 꽂지 마라

코스모스

쓸쓸하다는 것은
무언가를 그리워하고 있다는
조용한 희망이 아닐까

가느란 어깨 위에 하늘을 내리어
난 말이다
아직도 서성이는 너의 그리움을
이제는 그만 들녘에 내다놓겠다
그리고 네가 지나는 길목에 서서
가을이 이끄는 대로
청순한 그리움의 무리를 일으키며
희고 붉은 꽃울음을
온 어깨가 들썩이도록
한번 후련히 울어 볼 테다

소사리의 밤
— 문학기행

소사리 외딴집 마당에는 별들이 내려와
빈집에 고인 어둠을 퍼내고 있다
문밖으로 흘러나오는 불꽃같이 황홀한 어둠
우리는 늦가을 밤 아궁이에 밀어넣고
손바닥에 서걱거리는 한 톨 찌꺼기도 툭툭 털어넣고
사는데 급급했던 몇 번의 그르침과 몇 잔의 축배도
오늘은 가마솥이 쓸쓸한 저 아궁이 속에 다 던지고
달 별 어둠 우리 말고는
아무 소리도 들지 않는 소사리 1280번지에서
다섯 개의 별빛을 잡고 시를 쓴다
   첫행은 연필 한 자루 종이 한 장 들고 길 떠난 사람들과
   둘째 행 달무리처럼 포근한 생을 둘러앉아
   셋째 행 천의 생각을 일으켜 제 앞에 쌓는 언어의 탑
   넷째 행 고통의 핏방울 펜 끝에 날카롭게 찍어
   다섯째 행 백지에 점화시키는 이 외로운 전율
행과 연을 물결처럼 엮어
시 한 점 아궁이 속에 묻는다
그리고 오늘같이 별빛 무수한 어느 날
나는 어둠에 숙성된 시를 불꽃처럼 꺼내어
세상에서 가장 느린 기차를 타고 오겠다

흔들리는 아름다움

평생 여러 권의 시집을 낸다 하여도
그리 많은 언어가 필요할까
불멸의 사랑이라면 모두 거머쥐고
눈발같이 내리는 그리움들 그 느낌에 행복해하며
등에는 반짝이는 몇 개의 아픔을 거느리고
가난한 아침에 뜨거운 영혼을 만난다면
한 삶이 거의 마련되는 책 한권
이를테면
사랑 · 그리움 · 아픔 · 가난 · 영혼
내 시에는 아무리 하여도 이 다섯 단어가 전부인데
책은 나더러 무얼 더 감동적인 어휘를 들여달라는 건가
그러나 살아가는 일은 흔들리지 않고는 견딜 수 없다고

오도가도못하는나무도흔들리고
산도계절 에흔들리고
태양 도 구름 에 흔들리 고
요 지 부 동 내 마 음 도 네 눈 빛 에 흔 들 리 고
흔들고흔들리는 거칠고조용한 관계

그래서 내 詩도 흔들리는 것이다

말줄임표

점 여섯 개 놓습니다
여섯 개 점 속으로
내 이야기는 들어갑니다
편지를 받아보시면
깊고 푸른 점 속에
나의 전부가 잠겨 있습니다
나중에 만나면
그 점을 뜯어내지 마십시오
억지로 뜯어내면
내 이야기는 사라지고 맙니다

기일에

어머님 영정 앞을 지나면
어머니는 살은 듯 눈동자
자꾸 나를 따라 오십니다
이승과 저승의 마음에서
이제 내가 할 일 무엇 있다고
젖은 눈 간곡히 갖추시고
내 앞에
떨어질 듯 말 듯
이슬꽃으로 피는지요

그릇마다 옆옆이 담아내는
맏며느리의 푸념과 응석 비밀한 투정까지도
오늘은 당신께서 미소로 들어주시는 날
하루 종일 이 얘기 저 얘기
상다리가 휘도록 속마음을 차려놓고
생전에 이르지 못한 고부간의 정
밤길 오시는 당신 문 열고 기다리며
향로에 뒤늦은 사랑을 꽂아
집안 가득 향을 피웁니다

철거되는 옛집
― 장안동 고향집

어머니가 꽃봉오리처럼 고봉밥을 퍼담아내던 솥에
가장 낮은 밥알은 불의 주문을 받고 제 살을 바친
매 끼니의 꽃받침이었지
제비똥 뭉개진 마루턱에 새처럼 앉아
누룽지꽃받침을 뜯어먹던 구수한 주전부리 시간
밤이면 쥐새끼들이 더그매에서 어둠을 후려치며
포근한 단잠에 밤새도록 야유를 보내던 때
그날의 오목한 방과 뒷문이 다정하던 마루와
사루비아가 향기롭던 마당이
송두리째 한데에 나와 허공을 이고 지고 멘 채
서로 맨살을 대고 오장육부를 쓰다듬고 있다
어느 것 하나 이어진 것이 없고 흐르는 것이 없고 말하는 것이 없다
꼭 운 나쁜 집짐승이 찻길에 누워 있는 것 같다
안아주면 금세 숨을 쉴 것만 같고
일으키면 뚜벅뚜벅 걸어 방으로 들어갈 것 같고
어머니가 불을 땔 것만 같다

고무줄 사랑

이젠 놓아버려요
당기면 당길수록 약해지는 명줄을
단지 맞잡은 관계에서 누리지는 말아요
인연을 놓아버린다는 것은
초록 잎을 따내는 일처럼 기막히지만
봄은 그 힘으로 피었습니다

여기서 우리는 무사히 끈을 놓고
자유롭게 돌아가는 그 경쾌한 떨림을 보아요
억지는 얼마나 이기적이었는지
손아귀에 붙잡은 힘으로는
소유의 기쁨을 누릴 수 없습니다

이젠 놓아 버려요
사랑도 아픔일 땐 아픔으로 놓아야
가슴에 남는 향기라도 됩니다

어리석은 흉내

어느 모임에서
서먹한 사람, 둘러앉아 녹차 찻잔을 건네받았다
주인 몰래 입맛이 불편하던 참에
한 여인이 녹차는 떫기 앞서 마시는 거라며
채 우러나기도 전에 잔을 당긴다
나도 얼른 잔을 당긴다
그녀 따라 매끄러운 재치를 꿀꺽꿀꺽 마시면서
살다가 어려운 처지에서는
이 같은 우회의 방법을 쓰는 거라며
그녀에게 한 수 배운 것이 좋아
은근슬쩍 꿰차고 집으로 왔다

그런데 똑같은 우리의 처신에서
그녀의 삶은 아직도 두루 건강하다니
아무리 생각하여도 그날
그녀는 그 떫은 맛을 지혜로 저어 마신 것이고
나는 한 치의 혓바닥으로 마신 게 아닌지
여인이여 제 말이 맞나요

노환 앞에서

주전자에 한 잔 가량 물이 끓고 있는 그날
어머니는 빨간색이 싫다 하신다
벽 한 면에 화초들이 종일 심심한 날
어머니 옷은 엷은 베이지색이었고
내 주머니 안에는 빨간 손수건이 있었다
얼마 전부터 슬슬 빨간색을 기웃대던 나는
빨간 색상과 은밀히 타협을 하고 있는 중이었다
자주 지녀도 되겠니
이 서늘한 몸에 너를 품고
부자연스러움을 모른 척해도 되겠니
딱 일 년만 빨간색 너와 살고 싶다

언제나 거만하고 질리도록 완숙한 빨강도
때로는 빈틈을 보이며 산꼭대기의 노을처럼
내 극점에서 한 번씩 위안의 빛이 되어
겸손으로 엎드릴 때가 있다
오늘처럼 어머니 베이지색 옷에 불티 날아들 때
나는 내 마지막 불씨를
주머니 속에서 하루 종일 만지작거리며
전이를 꿈꾼다

쓸쓸한 사진 촬영

아침 바다를 기대앉은 중년부인이
카메라 렌즈 속으로 들어가는 순간
45년쯤 되어 보이는 시간이 한꺼번에 일어나
그녀의 등 뒤에 배경으로 선다
그녀에게 갇힌 은빛 주름살과
생의 깃발 같은 표정들
눈망울에 떨리는 불안한 어지러움

염려 말아요
중년쯤에서의 허물어짐은 아무래도 그대의 것이니까
하나도 이 바다의 입 속에 던지지 말고
자리를 뜰 때는 모두 씩씩하게 메고 가세요

실물 기록이 차분히 끝나고
적당한 그늘과 햇빛을 들고 중년부인이
렌즈 바깥으로 나온다
저녁 바다를 내려놓고 그녀가 떠난 자리에
두 줄로 인화된 파란 글씨

(수술이 임박한 어느 날)
(한 여인이 바닷가를 다녀가다)

주부라는 이름으로

표도 없는 이 노동은
무슨 억지로 광택을 싫어하는지
쓸고 닦고 매만져도 끝도 없는 아우성
1인 7역에 숨이 찰 땐
나도 한번쯤 휴직서 같은 거
저녁 식탁 위에 물 한 잔처럼 올려놓고 싶다
주부도 정년이란 쉼터 있어서
비어가는 물잔을 뜬눈으로 걱정하면서
어쩔 수 없는 운명과 간신히 손 흔들며
시원섭섭한 우울의 강 앞에서
공로상 같은 휴식의 세월
선물 받고 싶다
아주 어리석고 부끄러운 한 주부의 이름으로

여행 · 1

세상일들 잠시 뒤편에 두고
가슴 하나만 챙겨 길을 떠난 그에게는
그림자가 없다
그는 바다와 산 들 바람에서 소리를 끌어와 휘파람
을 만들고
어느 여행자가 버린 그늘을 일으켜 오선을 그린다
휘파람이 오선에 닿을 때마다 그의 몸에는
구름이 피고 하늘이 피고 마음이 핀다
뒤편에 있는 세상일들이
그의 연주소리를 듣고 껄껄 웃는다

그가 여행에서 돌아오면
어깨에 한 짐 생활의 재료들이 쏟아진다
그는 그 재료로 새 방도 꾸미고
아내에게 새 옷도 해 입히고
아내와 나비잠을 잔다

여행 · 2

그는 모자도 쓰지 않고 여행을 합니다
하늘이 머리카락을 툭툭 치며 건드려도
그는 강만 바라보고 걷습니다
강 속에 물고기가 아는 체 물방울을 던져도
그는 본체만체합니다
산이 제 몸을 뉘어 융단처럼 도톰한 그늘을 펴 주어도
본체만체 그냥 지납니다
햇살 한줌이 자꾸만 빈손에 들어갑니다
그는 손에서 돌처럼 놓아버립니다
햇살이 가루처럼 부서집니다
그는 즐겁던 한때를 다 내려놓고
그림자만 데리고 여행을 합니다
그러므로 어떤 실물도 만나지 못하며
만나도 모르고 바람처럼 지납니다

그가 여행에서 돌아오는 날은
무거운 그림자 산그늘의 먹이로 다 내려놓고
강도 산도 햇빛도 함께
청모자를 쓰고 오십시오

여행 · 3

가까운 곳을 지구 둘레만큼 돌아가는 사람
바다를 손에 담고 수평선을 지운다
새벽마다 수평선을 딛고 도망가는 해가 미워서
그는 바다를 지운다
산도 지운다
밤이 되면 산에 숨어드는 나무가 미워서
그는 등으로 산그늘을 지우며 걸어가고 있다
발등에서 땅벌레들이 산인 줄 알고
신발끈을 움켜잡고 오른다
그는 발등 하나만 벌레들에게 내어주면서
지우고 있는 그 기름진 것들을 다 먹어치우게 한다
들녘을 지나는데 풀향기가 그를 와락 감는다
그는 툭툭 털어 벌레들에게 준다
그래도 한두 개는 남겨두어야
죽을 만큼 그리운 것들이 그리운 날
기억의 먹이라도 된다는 것을 아는지 모르는지
그는 완벽한 망각을 위하여
지구 둘레만큼 거닐던 한때의 일들을
모두 지우고 있다

독도가 쓴 편지

동해 푸른 심장을 가진 나는
힘찬 맥박이 뛰는 건강한 대한의 아들
어머니, 들풀같이 평화로운 일선의 밤은
걸핏하면 동쪽에서 불어오는 파도가 고약합니다
뭍의 옷을 입지 않아도 따뜻한 이 알몸은
내 사랑 대한민국, 절개의 상징인 것을
난시의 눈을 가진
이웃 땅에 사는 부리 검은 새는
오늘도 푸른 심장을 넘보며 갈팡질팡
빛나는 내 절개에 매달렸습니다
어머니 어찌할까요
어머니 탯줄이 문양된 내 배꼽에는
나무와 바람 새 꽃들이 천연하게 놀고 있는데
이 맑은 땅에 헛발을 딛고
소음을 외치는 눈먼 가엾은 저 새를
초라한 날갯짓에
달빛조차 비켜갑니다

    괴소문 들리는 날
    천연기념물 336호에 입맞춤한
    역사의 땅에서
    대한민국 아들 올림

예쁜 말

나의 며느리는 채소와 나무를 대화할 땐
식물이라 한다
내가 귀에 설어 웃으면
속눈썹이 맑은 눈망울을 몇번 탁탁 치다가
내 웃음 속으로 폭 안긴다
그리고 형체가 헝클어진 못생긴 음식을
안 생긴 거라 하여
내가 또 웃는다
그때도 머리칼 몇 개가 우왕좌왕 날리다가
윤나는 긴 머리카락이 모두 방향을 틀어
내 등에 폭 안긴다
아무도 거들떠보지 않은 참 신선한 말
아무도 관심 없는 이 예쁜 말

오늘도 예쁜 말 들으러 길을 걷는데
높다란 저기에서 당당하게 나를 내려다보며
히죽히죽 웃고 있는 저 〈주민센터〉 간판
꼭 가시같이 생긴 센터란 글씨가
그 가시가 내 눈을 콕콕 찌른다
아파서 국어사전 펴놓고 눈을 대봐도 치료가 안 된다
은주야! 내 눈에 가시 뽑는데 어떤 예쁜 말 없겠니

주민중심? 주민샘터, 주민품, 주민향기, 주민동산,
그런 예쁜 말
내 웃음 속에 내 등에 너처럼 폭 안겼으면 좋겠다

새들의 휴식

새가 날개를 접고
시간과 창공이 함께 지워졌다
사십 미터 높이의 아슬한 나뭇가지에 새가
밤새 균형을 떨어뜨리지 않고 잠이 들고 있다
나무와 새, 긴밀한 관계가 보기 좋다
저 새의 날개를 들추면 좀 전에 본 구름과 저녁별
이팝꽃 한 잎도 실핏줄을 반짝이며 들어 있을 것 같다
그러나 들추지 않기로 한다
온종일 헤매다가 저녁 무렵이 되어
날개가 몸에게 주는 선물은 보나마나
노을 한 점 같거나 국화 빵 같은 것
지금쯤 날개 아래에서 서로 기대어 따끈할 것이다
내가 너의 날개를 덮고 잠이 드는 것처럼

국화풀빵의 추억

춘천 닭갈비 먹자골목 입구에는
총각 풀빵장수가 걸쭉하게 반죽한 추위를
동그란 텃밭에 부어 국화꽃을 송이송이 피워낸다
금방 피어난 꽃 속에는 까만 씨앗들이 통통하게 들어 있다
탐스러워 한입 베었더니 씨앗들이 깜짝 놀라
입 속을 호르르 물어뜯는다
옛 생각이 3도 화상처럼 뜨겁다

소래포구 아줌마의 국화꽃은 너무 비리다
아줌마 꽃은 인터넷에서 클릭한 꽃 같다
옆구리 주머니에서 프린트되는 하루 매상이
아줌마를 너무 닦달한다
안쓰럽지만 나도 현대에 클릭될까 봐
국화빵이 보고 싶으면
일부러 닭갈비를 먹으러 춘천에 간다

이름

어쩌다 '血' 자가 이름에 박혀
사람들 간간이 작명의 연유를 궁금해하지만
나는 내 이름에 더 이상 토를 달지 않아요
그깟 모음 자음의 뒤숭숭함이야 아무런들 어때요
귀에 와 닿으면 눈발 같은 음률인 걸
조금 운명이 딴 짓을 했다 하여
잠시 사주가 말썽을 부렸다 하여
눈비 속에서도 젖으면 젖은 대로 마르면 마른 대로
나를 이 땅에 서명해 준 이름을
나는 나의 운명보다 더 사랑합니다
못생겨 미안하지만
기꺼이 불러주세요
혈수!

◆해설

물의 심상과 언어미학
―유혈수 시집 「행복한 날」의 시세계

이명재
(문학평론가)

숲 속에서 찾은 주옥편들

'인생은 만남'이라고 노벨상 수상작가 한스 카롯사도 설파한 바 있지만 평설자는 처음으로 시작품을 통해서 유혈수 시인과 만났다. 생면부지에다 전혀 생소한 이름인데도 작품만은 숲 속에서 보석을 발견한 듯 기쁘고 반가웠다. 그의 시작품들은 말 그대로 수많은 시인들이 숲을 이룬 속에서 보석처럼 빛나며 활자로 다가들었다. 불가에서 이야기한 좋은 인연으로서 70여편의 시집 평설을 하는 마음이 즐겁기도 하다. 그럼에도 그동안 멀쩡한 '珠玉篇'들을 두고도 문단에서는 왜 이런 진주를 발견하지 못했는지 의아심이 인다. 필자가 이제야 찾은 경우처럼 남들도 정보부족으로 모르거나 여느 돌덩이처럼 내쳐버린 탓일까. 이처럼 남들이 외면해서 놓쳐버린 진주라서 이 시집은 오히려 더 값진 보석으로 빛날 수도 있겠다.

평설자는 기대 밖의 소득이라 싶어 집필에 필요한 문제점을 점검하기 위해서 3·1절 오전에 먼저 유 시인과 첫 통화를 시도하였다. 알아보니 이번 작품집은 지천명의 나이에야 늦깎이로 등단하여 첫 시집 『삶의 누드』(2001)를 펴낸 시인의 두 번째 시집이란다. 두 사람은 서로 작품관계 사항 몇 가지만 확인하고는 실로 설면스럽기 그지없는 전화를 끊었다. 문학적 가치는 역시 해당 시작품 자체만을 중심으로 평가해야하기 때문이다. 평설자는 선입견에 잡힐세라 싶어 첫 시집을 읽지 않고 이번 시집에 싣게 될 작품들만을 그 대상으로 삼아서 논하기로 한다. 먼저 대강의 내용에 이어서 구체적인 형식상의 특성 등을 중심으로 접근해 본다.

일상적인 삶 속의 가난과 사랑, 관조

시적인 내용면에서 유혈수 시인은 대체로 일상적인 생활주변의 문제들을 글감의 소재나 테마로 다루고 있다. 첫째 묶음은 우리 사회에서 서민들의 애환을 속속들이 살펴서 쓴 시편들이다. 비록 달빛 비낀 네모상자 집에 살면서 가난을 끓여먹고 사는 「행복한 날」과 한 주의 회사 일을 마치고 퇴근길에 갖는「금요일 의자」의 정경이 인상적이다.

금요일 늦은 시간
구멍가게 허름한 비치파라솔 아래

한 주의 노고를 건배하고 있는 세 사람
웃는 입이 황소 입 같다
화려한 불빛도 깍듯한 주법도 없는
수더분한 바깥으로 호명받은 술병도 술잔도
밤하늘을 쳐다보며 싱글벙글한다
시원한 바람이 안주이며 흙냄새가 안주인
멋진 술상이다
　　　　　　　　　　　　－「금요일 의자」에서

　시의 화자 못지않게 이웃 서민들도 마냥 정다워서 일상의 노고를 푸는 대작 모습이 따스하게 다가든다. 일주일의 일을 마치고 구멍가게에서 술잔을 건네는 광경이 선연하다. －/구멍가게 허름한 비치파라솔 아래 /한 주의 노고를 건배하고 있는 세 사람 /웃는 입이 황소 입 같다/
　또한 「굴삭기 오는 날」에서는 오지마을 정든 터전을 묵묵한 표정으로 굴삭기에 밀려나와야 하는 서민의 취지가 안타깝기 그지없다.
　그런가하면, 둘째 묶음은 이순의 경륜을 지닌 시인의 인생관조와 사물에 대한 통찰을 다룬 시편들이다. 암 덩어리로 분노하고 울다가 간 사람을 조상하는 「그대 먼 길 가셨는가」와 「죽음에 관하여」는 생사에 관한 인생 관조이다. 「쓰레기통」 「흉터」처럼 사물에 대한 통찰력이나 '세상을 보는 눈 다 뜨면 아픈 거'라는 「담배를 피우는 소녀에게」에 향한 교훈도 마찬가지이다.

/소녀야 세상을 바라보는 눈/ 다 떠야겠지만 다 뜨면 눈 아픈 거란다/ 이별의 속병 때문이라면/ 가슴에 꽃무덤 하나 만들면 될 것이고/ 기댈 데 없는 외로움 때문이라면/ 세상에서 가장 미더운 나무에게 기대면 될 것이니/ 이제 그만 일어나 햇빛을 놓아주라/

-「담배를 피우는 소녀에게」에서

이어서 다음의 셋째 묶음은 시인 자신의 일상을 통한 개인적 체험기이다. 1인 7역의 노동을 감당해온 노고를 토로한「주부라는 이름으로」는 물론「주부」및 생활주변의 이야기를 쓴「어리석은 흉내」등이다. 그러면서도 몇 작품은 편의상의 묶음을 벗어나서 일상적인 공통주제에 이어지고 있다.

그는 한 가정에 흰색을 사용하여/ 평온을 다듬어내는 예술가다/ 아무런 연장도 지닌 게 없지만/ 마음을 쓸 때마다 뚝딱뚝딱/ 사각지대 어둠이 떨어져내리고/ 종일 그 어둠을 갈고 닦고 매만져/ 마침내 새벽 머리맡에 청잣빛 누리가 되었다면/

-「주부」에서

유혈수 시인의 시편들에 드러나는 테마는 누구보다 가난한 현실 속에서도 인간미 넘치는 시민의식을 지닌 채 곤궁한 삶을 영위하는 서민이나 노동자 등의 소외계층에 남다른 정을 내보이고 있다. 비록 힘없고 연약해 보이지만 서로 보살피고 그리워하며 배고픔과 아픔을 위무하고 있다. 표제로 쓴「행복한 날」에서는 새의 여린 깃털로 알몸을 덮어주는 알뜰함이나 시멘트를 뚫고나온 풀꽃이 노숙자에게 웃음을 던져 준다. 그리고 장미보다는 개망초를 향해 날갯짓을 하는 나비 효과로 하여 우리를 감동시키기에 이른다. 한껏 섬세하고 밀도감 있는 시의 멋과 맛을 더한다.

   세상에는 아름다운 것들이 너무 많아
   새들이 깃털을 펴서 허공의 알몸을 덮어줄 때
   풀꽃 하나가 시멘트를 물리치고 노숙자에게 웃음을 꺼내줄 때
   겨울나무에게 눈송이들이 힘을 모아 옷 한 벌 해 입혀줄 때
   나비가 장미를 지나 개망초를 향해 날개를 흔들 때

   네모상자 우리 집도 달빛이 닿아 좋다
   구겨진 창문도 없고 구겨진 사람도 없다
   이만하면 오늘 하루도 두둑한 식량이 되겠다
   허공 한줌으로 가난을 끓여 먹어도 행복한 날

                                 -「행복한 날」 전문

  시적 자아 자신도 네모상자처럼 보잘 것 없는 집에 든 달빛이 좋다면서 마냥 배부른 듯 행복을 구가한다. 시적인 낭만과 인간답게 따스한 마음의 여유가 넘치는 세계이다. 달빛 비낀 '허공 한줌으로 가난을 끓여 먹어도 행복한 날'은 현실을 초극하는 시적 정취의 절정이 되고 남는다. 동짓달 기나긴 밤의 허리를 서리서리 도려내는 황진이 시조를 연상케 할 정도이다.

또한 시인은 시적 화자를 통한 대자연과 혼융된 경지의 가난 초극 방법을 솔선 제시한 것 못지않게 못가지고 소외된 이웃들에 대한 연민 이상의 사랑을 구가한다.

> 어느 노동자의 고단한 어깨에 내려
> 몇 시간쯤은 살맛나는 향기를 바칠 것이며
> 가슴에 돌집을 짓고 있는 외진 사람에게도
> 속사정이 훤히 들여다보이는
> 유리 술잔을 들고 찾아갈 텐데
>
> (중략)
> 다만 가장 힘들고 가장 가난한 사람 앞에 멈추어
> 어둠에 불을 켜는
> 살아 있는 불이 되어라
> ―「살아 있는 어둠」에서

이처럼 시인은 고단한 노동자나 흔히 외딴곳에 소외되어 있는 가난한 사람들 주위의 어둠에 불을 밝히려는 의지를 드러내고 있다. 그리하여 시인 스스로 자신의 문학적인 시 작업 의식을 밝힌다.

'사랑·그리움·아픔·가난·영혼'이라고 「흔들리는 아름다움」에서 밝힌다.

유혈수의 시문학은 그늘진 삶에 시달리는 이웃들에게 향한 사랑의 언어미학이다.

시어 활용상의 묘미

시는 언어예술인 문학의 꽃인 만큼 시 작품에서의 시어 활용이나 이미지 설정은 핵심적인 요인이다. 유혈수의 시편에서는 특히 이런 점에 여러 인상적인 특장점을 드러내고 있어 눈길을 끈다. 해당 시인 자신도 「사랑의 말」에서 그런 인식을 체득하고 있음을 드러낸다. - 언어는 감미로운 유혹이며 백 년의 향기며 천년의 신비로움, 즐거운 외로움, 집착의 불, 상상의 힘, 아름다움, 기쁨, 생명이라는 것이다.

일찍이 영국의 미학자였던 허버트리드가 지적했듯 시는 사물의 현상을 확산하는 소설과 대조적으로 사물의 인상을 응축하는 성격이 문학 장르적 특성이라는 견해를 폈다. 그런 시의 속성을 단 석 줄의 언어로써 뭉뚱그려서 표현한 「연못」은 그 본을 이루고 있다. 강물처럼 흐르지 않고 두 팔을 감은 모습으로 잠든 눈처럼 고여 있는 형상화가 간결하고 짜임새 있다. 고여 있는 물과 둥그런 연못의 모양이나 그리워하는 사람을 연모하다가 잠든 눈 모습과 함께 마음을 담고 있다. 사물의 겉모습과 속마음을 객관적 상관물로 형상화한 것이다.

강물처럼 흐르면 안 된다
두 팔 동그랗게 감고
너를 지키다 잠든 눈 　　　　　　　　-「연못」전문

사물에 대한 객관적 상관물로서의 이미지를 통한 의미화는 「담배꽁초」에서도 드러난다. 누군가 실컷 입술로 피우고 난 다음에 무심코 수풀 속에 버려진 채 아직도 타고 있는 담배는 짙은 뜻을 전한다. 안도현의 3행으로 이루어진 짧고 인상적인 시 「너에게 묻는다」에서의 연탄재를 연상시키면서도 보다 복합적인 의미를 내포하고 있다. 사람에게서 배반 받은 담배가 사랑의 임종 앞에서 열병을 앓고 있다는 심상으로 리얼하게 다가든다. 이런 주제의식은 사랑뿐 아니라 경제관계나 기타 사회생활에서 이해관계상 일시적으로 혜택을 받다가 이용가치가 다한 뒤에는 상대를 팽개치고 마는 세태들에도 해당된다.

누군가 버린 배반이
풀숲 가에서 아직도 살아 있다
폐부 속까지 빨아들이던 아름다운 사색의 날들
검게 게워져 실연의 골짜기로 사라지는데
한 개비 독한 기억이 핏빛 유언으로 남아
사랑의 임종 앞에서
살이 타는 열병을 앓고 있다

그가 버린 사랑은
섭씨 500도의 상처다
　　　　　　　　　　　　－「담배꽁초」전문

또한 이런 객관적 상관물을 통한 시적효과로서는

「금요일 의자」부분 등에서도 발견된다. 그 후반부에 드러난 의자와 거기에 내려앉은 달빛을 자상한 어머니로 의인화시켜 처리한 솜씨도 돋보인다. 허름한 의자와 수더분한 인물들 모습이 조화롭게 녹아있어 안온한 느낌을 함께한다.

금요일 밤 의자
그들은 더욱 따듯한 온돌방으로 돌아가고
빈 의자 위에는 달빛이 홀로 앉아
어머님처럼
주벽이 엎지른 별별 이야기
그 얼룩을 지우고 계신다

-「금요일 의자」끝부분

물과 피의 심상미학

유혈수의 시문학에는 무엇보다 물과 피에 대한 물질적 상상력 활용이 돋보인다. 일찍이 노자 도덕경에도 항상 서두르거나 차별하지 않으며 조용하게 사물의 밑으로 흘러 차차로 채우는 덕행을 속성으로 한 물을 도의 모델로 삼아 내세운 바 있다. 철학과 도덕 뿐 아니라 만물과 인류사회 및 자연과학이나 문학예술에 걸친 물은 실로 주목할 대상이 아닐 수 없다. 이런 물 문제는 동서고금을 막론하고 필수적인 기본 물질이기도 하다.

20세기에 와서 서양에서는 이런 물을 문학의 원형

상징으로 이론화하고 있어서 주목된다. 휠 라이트는 그의 저서 『은유와 실재』에서 물은 재생과 환원, 또는 해체나 풍요 및 탄생의 이미지로 설명하고 있다. 특히 물과 밀접한 피는 형벌이나 죽음, 탄생, 사춘기, 결혼을 표상한다. 피는 그것이 선의 개념일 때는 명료하게 살아있음과 순환의 의미를 함축하고 재생의 뜻을 지닌다. 하지만 반면에 악의 개념일 경우는 불길한 죽음이나 금기를 나타내는 상징으로 통한다는 것이다.

특히 물질적 상상력 이론으로 각광받는 프랑스의 가스똥 바슐라르의 4원소 이론은 너무나 유명하다. 우주를 형성하는 기본 물질은 물, 불, 공기, 흙인데 이들 4원소는 서로 상응하는 변모양상을 띠는 것이라는 견해이다. 바슐라르의 이런 이론기초는 본디 동양의 우파니샤드 등에 등장한 여러 성자들의 수많은 원소 설에서 비롯된 혐의가 짙다. 그럼에도 그의 과학 이론은 우리 문학 해석이나 평론들에 자주 적용되어온 게 사실이다.

유혈수의 시편들에도 바슐라르가 주장했던 바의 4원소 이미지가 효율적으로 사용됨을 발견한다. 시「아우 J와 K」에는 네 가지 원소 모두가 적용되고 있다. 이렇게 여러 원소들이 활용되고 있음은 동서양 문학에서 우연의 결과일 만큼 자연스런 일이다.

/가슴에 가둔 12월의 울음을/ 어찌 알았는지/ 아우는 내 찻잔에 3월을 부어주면서/ 물 흐르듯 맘이 가는 대로 흐르라 한다/

/아우는 흐린 이정표를 바라보고 있는 나에게/ 맘을 찾는 일이란/ 고향의 흙냄새와 같은 거라며/ 맨발로 걸어도 편한 그 길을 가라 한다/

/아우야 세상에서 가장 낮은 촛불을 켰을 때/ 가난이 제일 아름답겠지/ 그러나 얼마만큼 버려야 할지 난 정말 모르겠네/ 간혹 사는 게 어지러운 밤/ 창밖은 모두가 바람 같은데/ 여기 삶의 소리가 시끌시끌한 민속주점에서/ 기대어 앉은 두 아우는/ 가난처럼 편안하구나/

-「아우 J와 K」전문

여기에서 나타나는 물('3월을 부어주면서/ 물 흐르듯'), 불('촛불을 켰을 때'), 공기('모두가 바람 같은데'), 흙('고향의 흙냄새') 등이 그것이다. 물론 시인이 의식하지 않은 것이겠지만 이와 같은 원소 이미지는 유혈수의 나머지 시편에서도 자주 쓰이어지고 있다.

특히「망각의 형상」에서는 '물방울 같은 기억 몇 송이' '홀로 치르는 하혈처럼' '물보라 치는 밤' 등이 발견된다. 물방울이나 하혈에서 시각적 이미지를 물보라 치는 청각적 이미지로 잇고 있다. 사물의 물리적 현상을 통해서 내면적인 심리를 입체적으로 표출하는 것이다. 여기에서의 물-피 이미지는 「황금펜」에서의 '펜 끝에 흘러나오는 먹물'이나 평면적인 '눈물'의 심상과는 상이함을 드러낸다.

이제 남은 것은 뇌리에 매달린 물방울 같은
기억 몇 송이
절벽 아래로 뛰어내릴 때가 온 것인가
낙엽 지는 소리 곁에
물방울 대여섯 송이 떨어지고
나는 사라지는 기억의 마지막 파문을 보았다
홀로 치르는 하혈처럼,
물보라치는 밤이었다
-「망각의 형상」에서

그런가 하면 다음 시편에서는 귓속으로 뛰어드는 빗방울의 촉각적 이미지가 다양하게 혼합되고 있다. 귀 안에 '물소리 흐르고' 대목에는 촉각적인 동시에 청각적인 이미지가 겹쳐있는 것이다. 그것은 '개구리 소리 둥둥 떠내려간다' 대목의 시각적인 묘미와 대조를 이루면서 시의 맛을 더해준다.

이삿짐을 부리고 첫봄
집 앞 6000평 잡다한 땅에 봄비 한줌 내리더니
내 귓속으로 개구리들이 빗방울처럼 뛰어들었다
마른 내 귀안에는 어느새 물소리 흐르고
상냥한 개구리소리 둥둥 떠내려간다
매일 밤 -고막을 헤치고-
-「굴삭기 오는 날」에서

유혈수 시문학의 가장 특징적인 요소는 역시 피 심

상(心象)의 의미나 남다르게 빈번한 활용도다. 부모가 지어준 '柳血秀' 이름을 손수 시로 쓴 「이름」에서도 밝혔지만 한번 언급해 둘 일이다. 다행히 시인 자신이 '운명보다 더 사랑'한다는 자세가 돋보여서만이 아님은 물론이다. 피는 물보다 진할 뿐더러 D. H. 로렌스의 말처럼 피는 종교에 버금갈 만큼 진실의 실체이기 때문이다. 하기는 상생과 하늘을 향해서 성장하는 식물적 이미지를 살리고 진실된 피와 빼어난다는 긍정적 이미지를 잘 활용하면 더 바람직하다고 여겨진다.

위의 시편에서도 '홀로 치르는 하혈'이란 싯귀를 보았지만 유혈수의 시작품에는 유난히 피 이미지 활용이 많은 분포를 이룬다. 그것은 '하루 종일 내 피를 수혈 받아'(「그림자」), '어쩌다 '血'자가 이름에 박혀'(「이름」), '산의 몸에서/ 피가 흐른다'(「계곡 悲話」), '상처는 피를'(「흉터」) 등 뿐만이 아니다. 상생(相生)의 성장을 상징하는 식물적 상상력 속의 수액은 그대로 나무의 피인 것이다. – '나무둥치에서 입김이 나고 젖이 흐르네'(「나무는 뒷모습이 없네」), '우듬지는 수액을 끌어올렸지'(「나무가 쓴 4편의 걸작시」)가 포함된다.

지금까지 우리는 남다르게 운명보다 긍정적인 피의 심상을 진실 되게 활용하는 개성 미 짙은 유혈수 시인과 만나는 기쁨을 함께했다. 아울러 일상적인 삶에서 가난과 사랑, 그리고 정겨운 관조의 시 세계를 살펴보았다. 시 미학 본래의 응축 미와 섬세한 시어로 빚은 물과 피의 다양한 심상이 원활하게 활동됨도 음미했다. 가난한 현실을 자연과 혼연일체 상태로 초극한 나머지 '행복한 날'을 맞고 향유하는 지혜와 보람까지 누릴 수 있었다. 여러분은 앞으로도 가끔씩 이웃과 더불어서 숲속에서 찾은 유혈수 시인의 주옥편을 감상하면서 진지하게 대화할 기회를 가졌으면 한다.

순수시선 403

행복한 날

유혈수 지음

2009. 4. 10 초판
2009. 4. 20 발행

발행처 · 순수문학사
등 록 제2-1572호

서울 중구 남산동 2가 24-1 2층
TEL (02) 2277-6637~9
FAX (02) 2279-7995
E-mail ; seonsookr@hanmail.net
seonsookr@yahoo.co.kr

· 저자와의 합의하에 인지를 생략함
· 잘못된 책은 바꾸어 드립니다

가격 9,000원